D1752136

Du bist einfach wunderbar

PATTLOCH

Habe ich dir
schon einmal gesagt,
wie wunderbar du bist?
Dafür gibt es viele Gründe ...

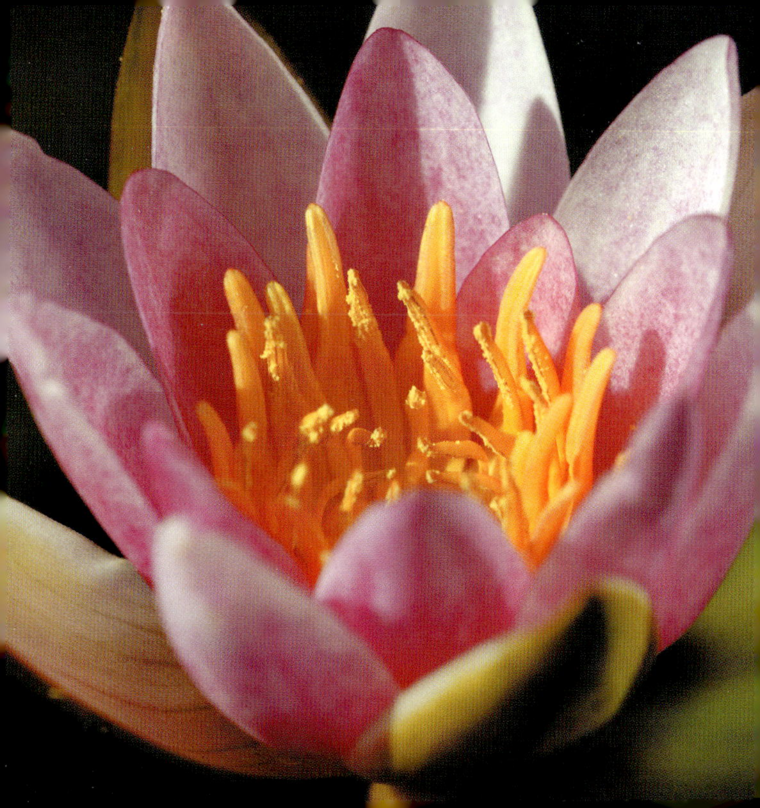

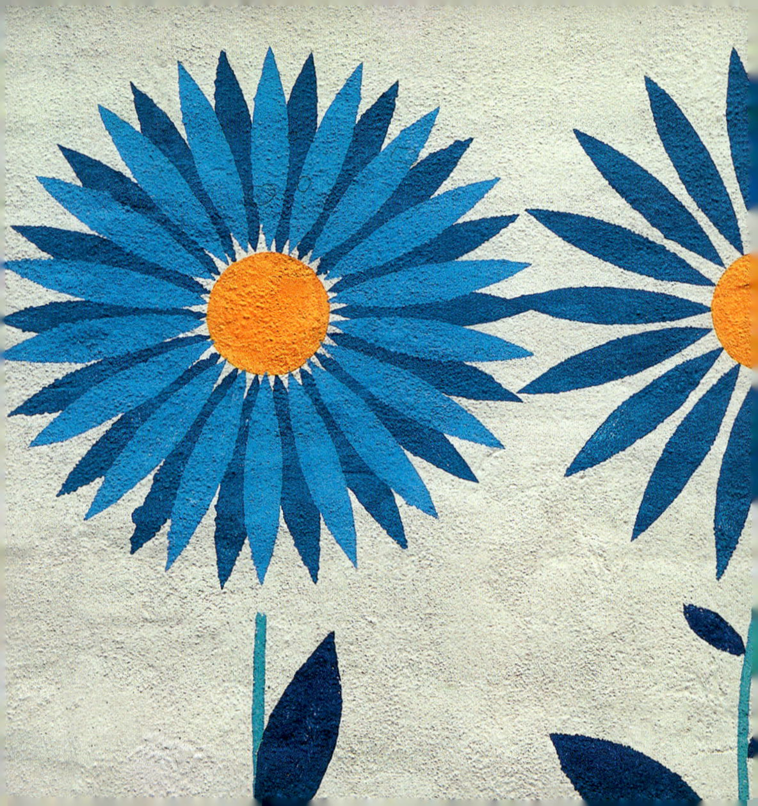

Weil ein Mensch wie du
einfach unverzichtbar ist.
Ohne dich wär
alles nur halb so schön.

Weil du mich
mit deiner herzlichen,
freundschaftlichen Art
immer wieder begeisterst.

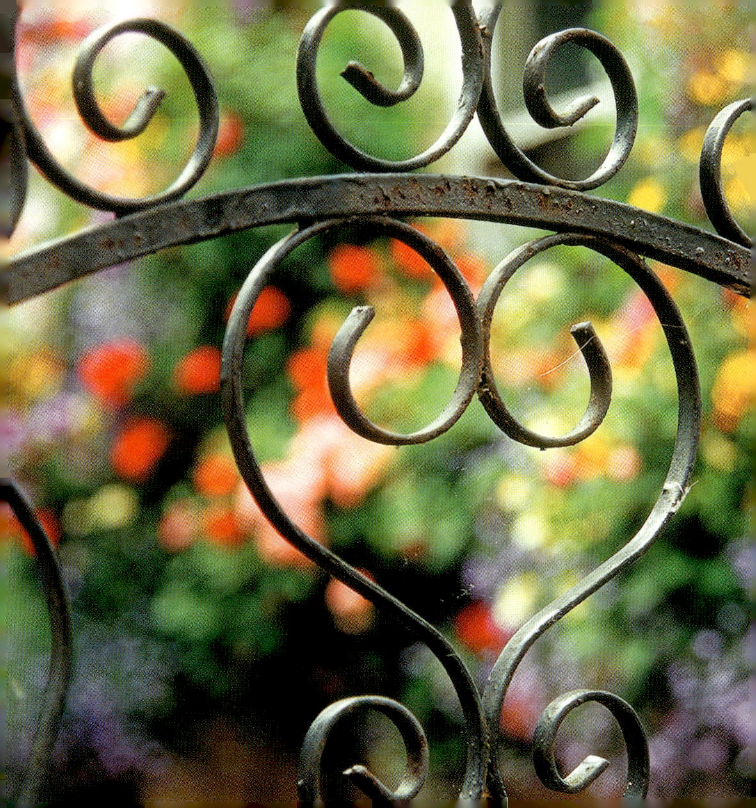

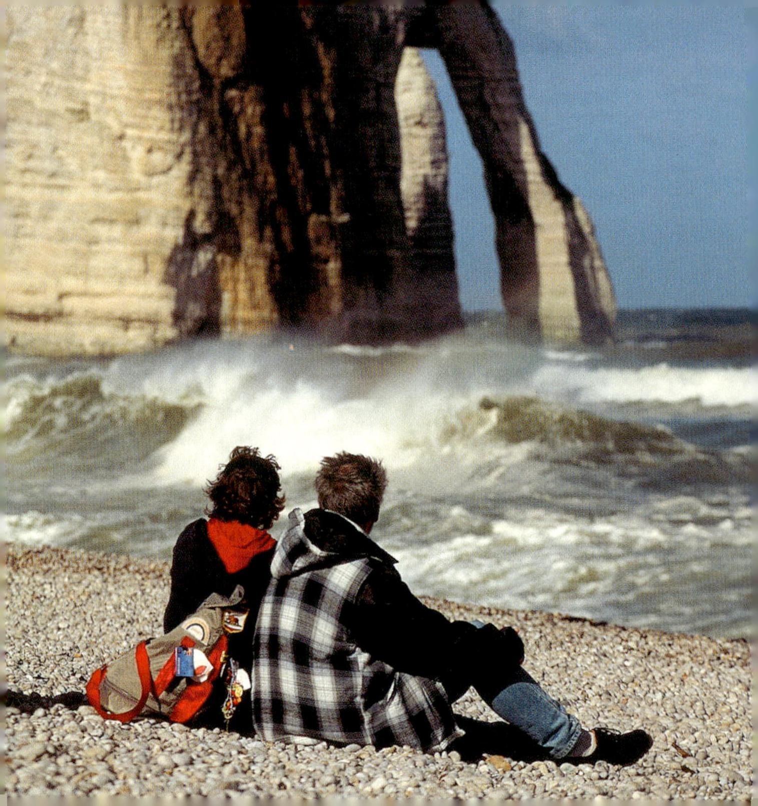

Weil es ein gutes Gefühl ist,
zueinander zu stehen.
Auch, wenn es mal
nicht so läuft wie gewünscht.

Weil es so viele Facetten
an dir zu entdecken gibt.
Die ruhige ebenso
wie die enthusiastische,
die abwartende ebenso wie
die spontane Seite.

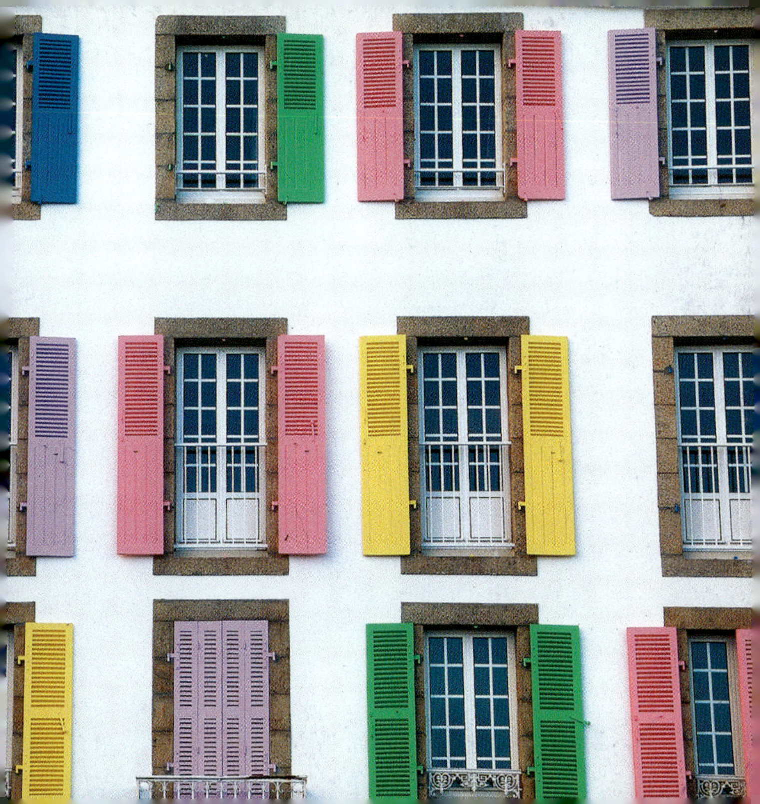

Weil ich auf dein Wissen
und deine Meinung Wert lege
und mich gerne mit dir austausche.

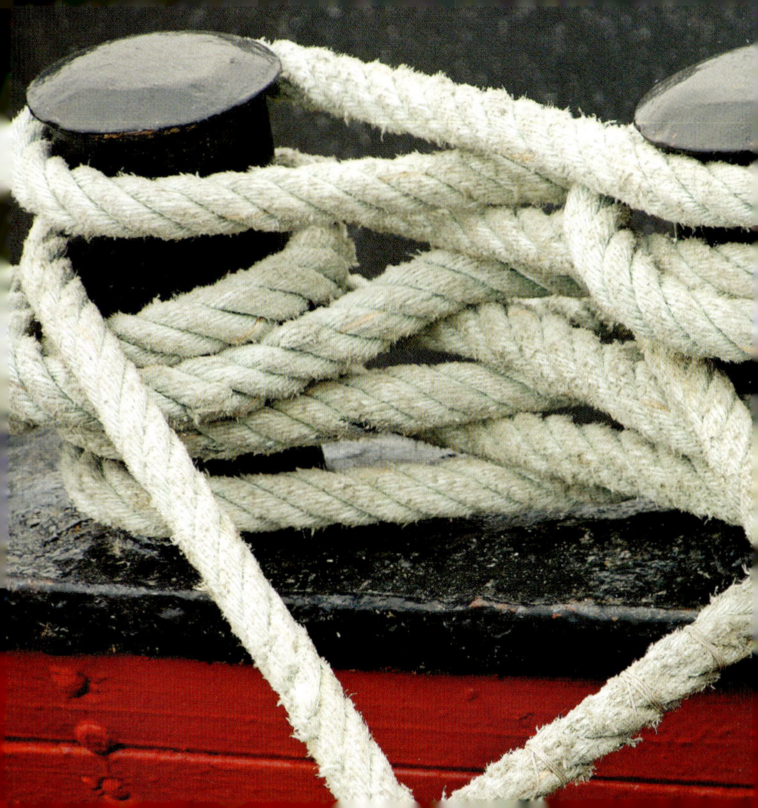

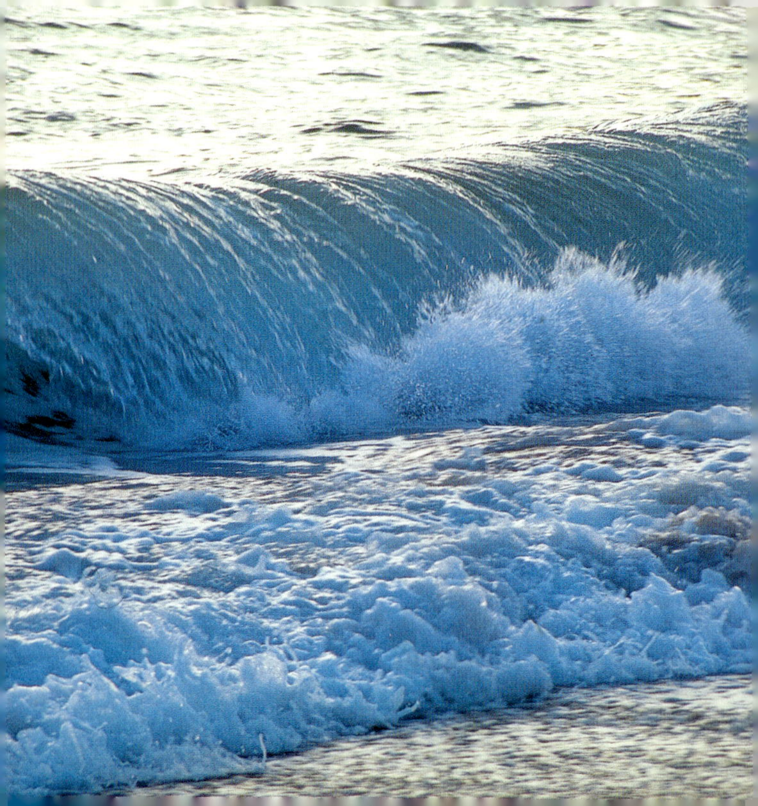

Weil du so
mitreißend sein kannst.

Weil es herrlich ist,
mit dir zusammen
die schönen Seiten
des Lebens zu genießen.

LOGIS

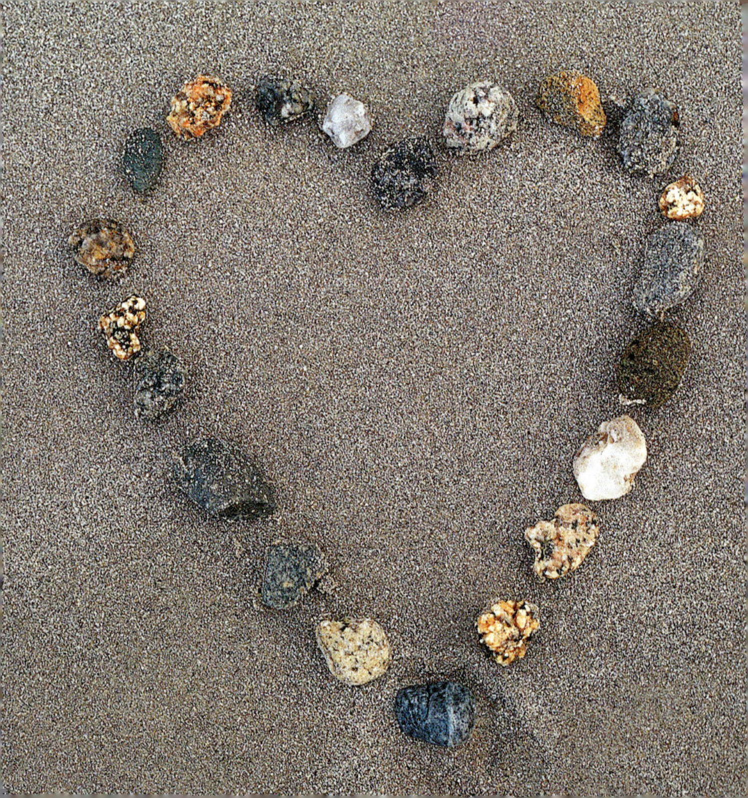

Weil du in meinem Herzen
einen Ehrenplatz hast.

Weil du mein Champion bist
und du für mich auf das
Siegertreppchen gehörst.

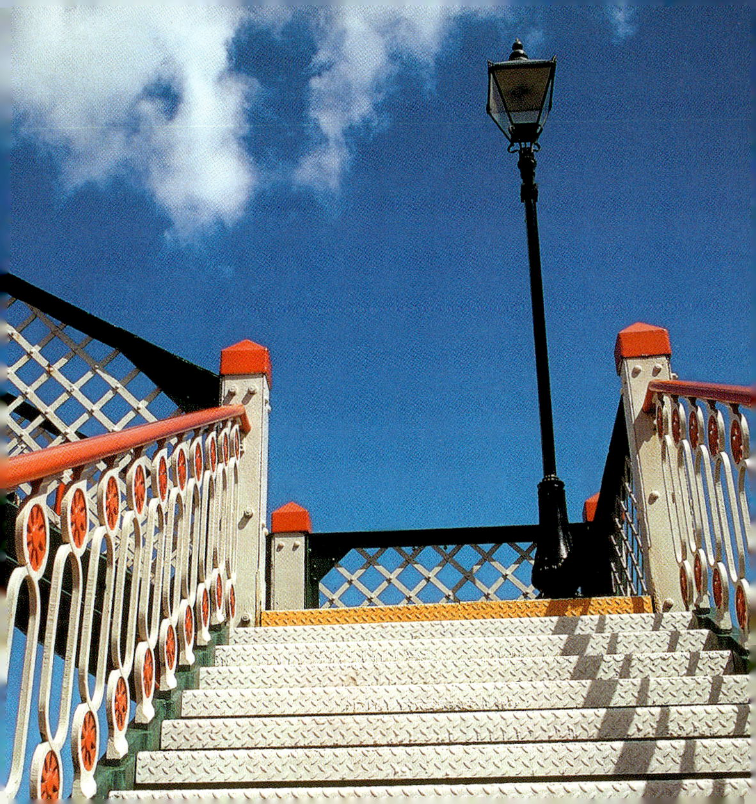

Weil ich
deine Weltoffenheit,
deine Neugier
aufs Leben mag.

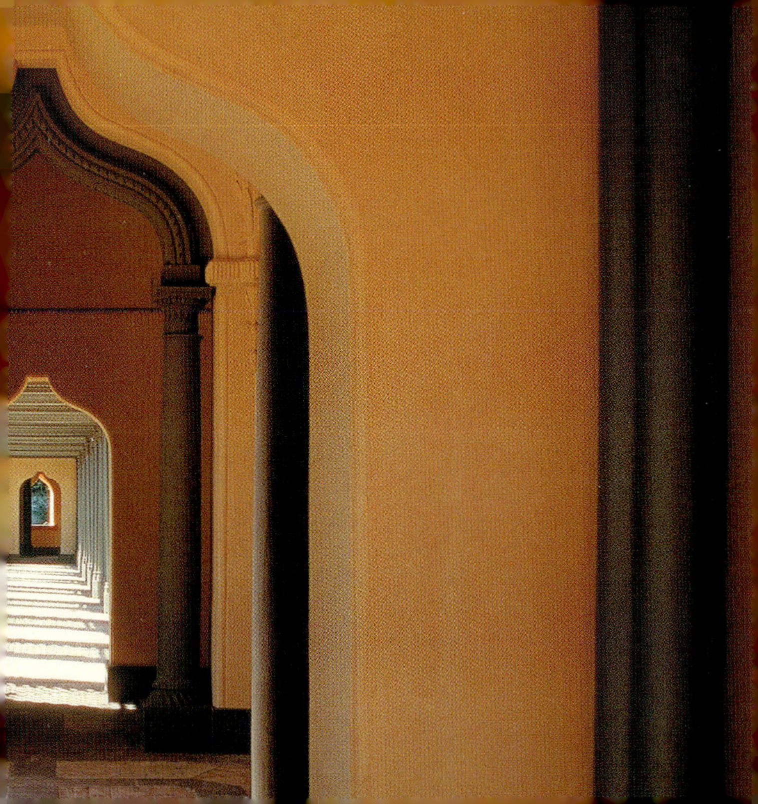

Weil ich deine Energie bewundere.
Die Entschlossenheit,
mit der du die Dinge anpackst
und die Herausforderungen
in deinem Leben meisterst.

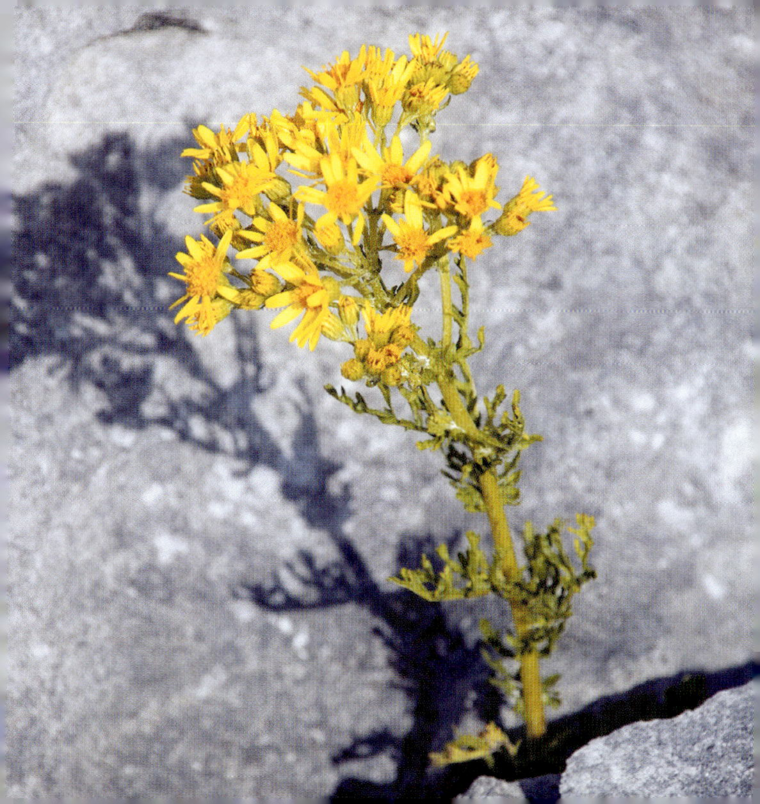

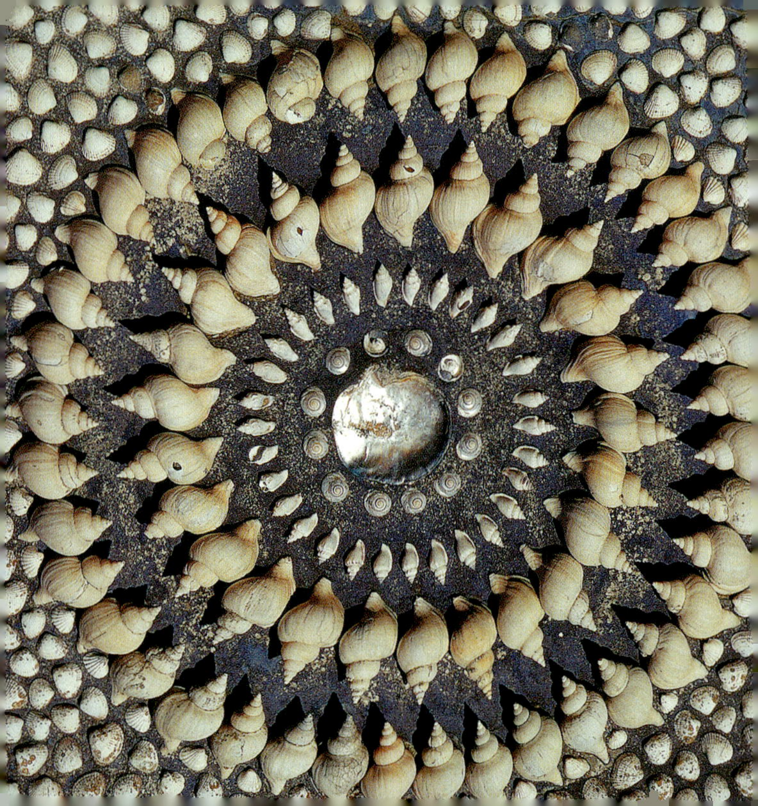

Weil ich immer wieder
über dich staune.
Es ist verblüffend,
welche Talente und Stärken
du an den Tag legst.

Weil du es verstehst,
andere zu motivieren.

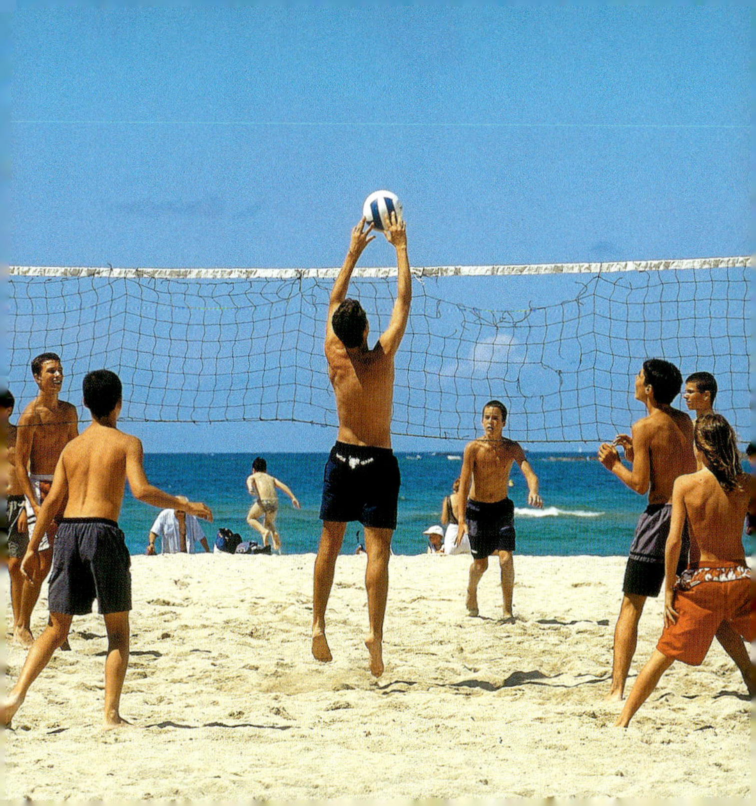

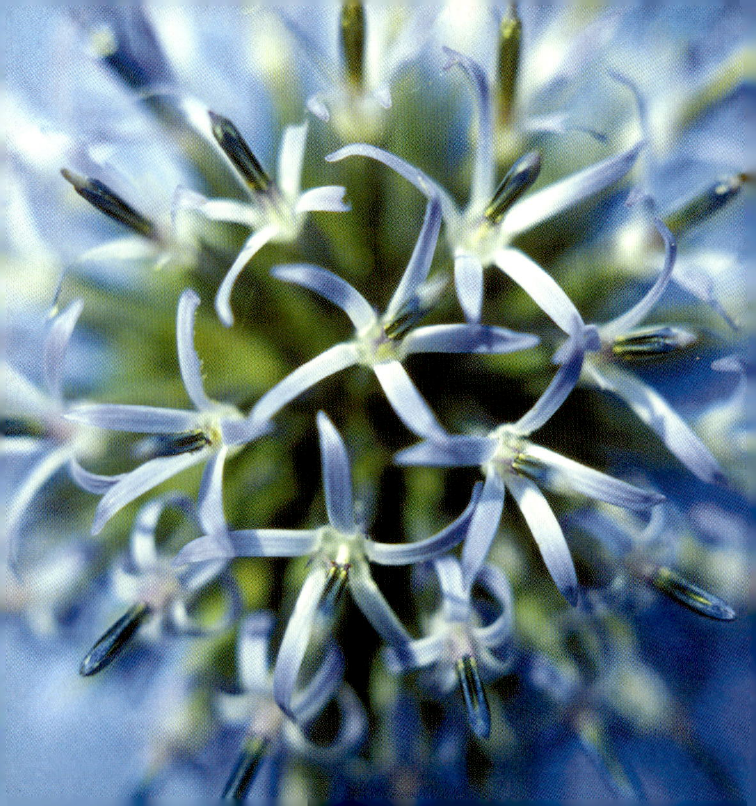

Weil du ein Mensch
ohne Allüren bist.
Deine offene und
symphatische Art ist es,
die überzeugt.

*Weil wir uns mit unseren
Stärken und Schwächen ...*

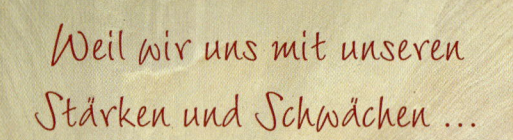

... ganz prima ergänzen.
Zusammen sind wir ein tolles Team.

Weil du immer
dein Bestes gibst.

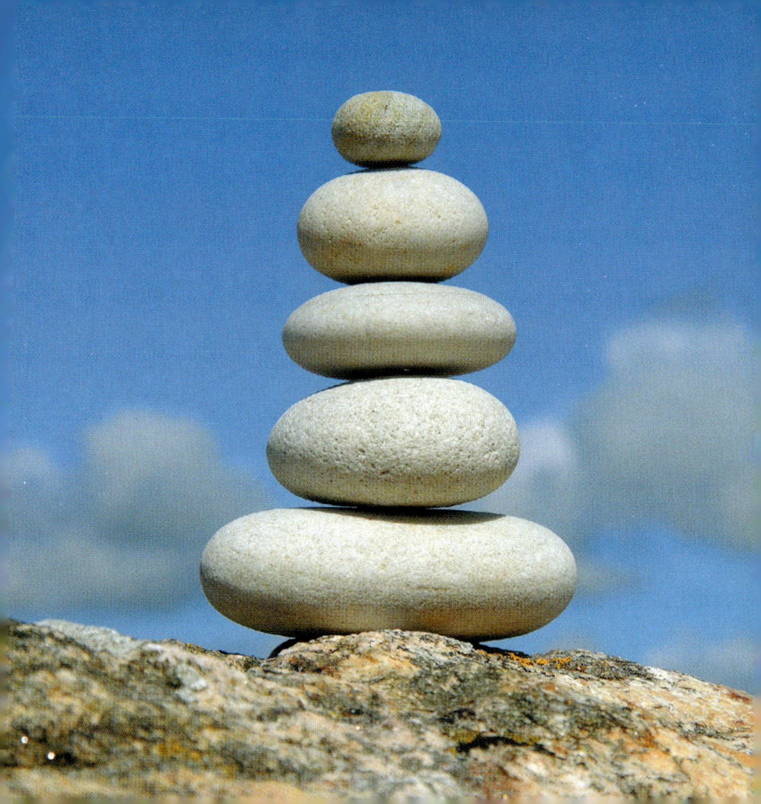

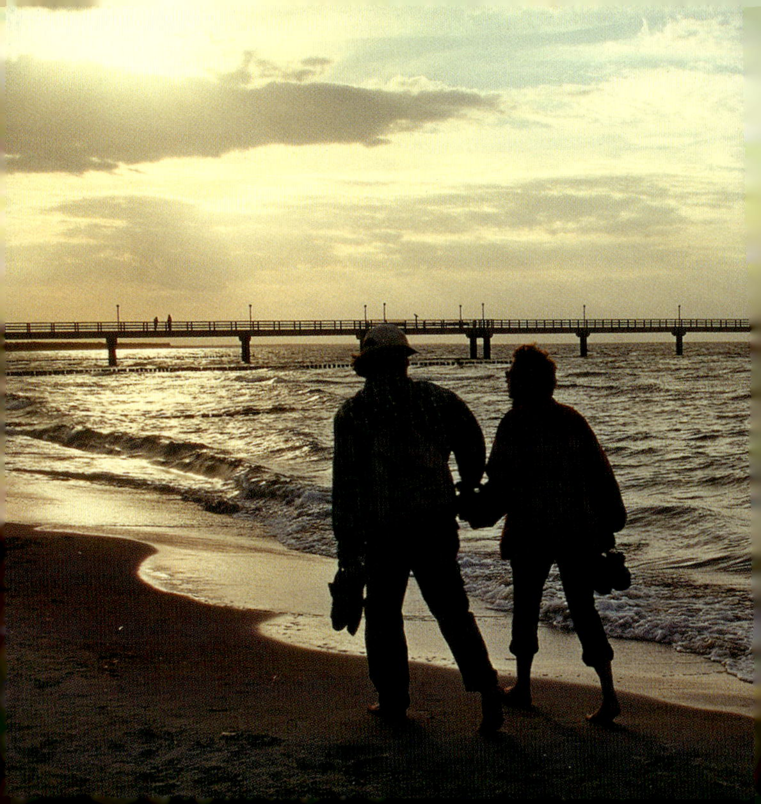

Weil du ein großes Herz hast
und immer darauf achtest,
dass alle Menschen
in deiner Umgebung
zufrieden sind.

Weil es einfach schön ist,
dass es dich gibt.
Genau so, wie du bist.

Bibliografische Information: Deutsche Nationalbibliothek
Die Deutsche Nationalbibliothek verzeichnet diese Publikation in der
Deutschen Nationalbibliografie; detaillierte bibliografische Daten
sind im Internet über http://dnb.d-nb.de abrufbar.

Es ist nicht gestattet, Abbildungen dieses Buches zu scannen, in PCs
oder auf CDs zu speichern oder in PCs/Computern zu verändern
oder einzeln oder zusammen mit anderen Bildvorlagen zu manipulieren,
es sei denn mit schriftlicher Genehmigung des Verlages.

© 2007 Pattloch Verlag GmbH & Co. KG, München

Covermotiv: PantherMedia / Mark T.
Gesamtgestaltung: Silvia Braunmüller, Atelier Lehmacher,
Friedberg (Bay.), www.lehmacher.de
Text: Franz Hübner
Fotografien: Tina und Horst Herzig
Lektorat: Bettina Gratzki, Pattloch Verlag
Druck und Bindung: LEGO S.p.A., Vicenza
Printed in Italy

05 04 03 02 01

ISBN 978-3-629-10196-9

www.pattloch.de